Ideias de Negócios com IA para 2026 e Além

Lance Negócios Lucrativos com IA Sem Funcionários ou Estoque

Por Joe Correa

Publicado por Live Stronger Faster

Este livro é destinado apenas para fins educacionais e informativos. O autor e o editor não estão prestando aconselhamento jurídico, financeiro ou qualquer outro tipo de aconselhamento profissional. Os leitores devem consultar um profissional qualificado antes de tomar qualquer decisão financeira.

Primeira Edição

Sumário

Introdução

A Inteligência Artificial deixou de ser apenas uma palavra da moda para se tornar a base dos negócios modernos. Em apenas alguns anos, o que antes era experimental tornou-se essencial — impulsionando atendimento ao cliente, gerando conteúdo, automatizando decisões e até administrando empresas inteiras sem intervenção humana. O mais empolgante, porém, não é apenas o que grandes corporações ou gigantes da tecnologia estão fazendo com a IA. É o que indivíduos — pessoas como você — agora podem fazer com ela. Pela primeira vez na história, um empreendedor solo pode construir um negócio global e lucrativo a partir de um laptop, utilizando a IA para cuidar de tudo, desde a criação de produtos até o atendimento ao cliente.

Este livro foi criado para ajudá-lo a aproveitar totalmente essa oportunidade. Estamos entrando em uma era em que ser pequeno é uma vantagem competitiva. Você não precisa de funcionários, estoque ou investidores para ter sucesso. Tudo o que você precisa é de uma ideia — combinada com as ferramentas certas de IA e um plano de execução. Seja para escapar de um emprego tradicional das nove às cinco, iniciar um trabalho paralelo ou construir um portfólio de negócios automatizados, os próximos anos oferecerão uma explosão de possibilidades. Mas saber por onde começar é fundamental. É exatamente isso que este guia pretende resolver.

Nos capítulos a seguir, você descobrirá modelos de negócios com IA comprovados e lucrativos que podem ser lançados em 2026 e além. Estas não são ideias de alto risco ou startups tecnológicas complexas que exigem programação avançada. Em vez disso, você encontrará ideias de negócios enxutas e inteligentes, projetadas para empreendedores individuais — criadas para gerar renda rapidamente e escalar com esforço mínimo. Desde serviços de narração por voz com IA até geração de leads imobiliários impulsionada por IA, você aprenderá o que funciona, por que funciona e exatamente como configurar tudo utilizando ferramentas de IA amplamente disponíveis e muitas vezes gratuitas.

Cada capítulo deste livro segue uma estrutura em duas partes. Primeiro, mergulhamos na parte instrucional — explicando a ideia, as ferramentas necessárias, o passo a passo de implementação, a estratégia de monetização e o fluxo de automação. Este é o blueprint. Em seguida, na segunda parte do capítulo, você ouvirá uma história fictícia, mas realista, de alguém lançando esse negócio — trazendo o conceito à vida de uma forma fácil de entender e cheia de insights práticos. Essas histórias não são apenas inspiradoras — elas mostram como esses negócios funcionam no mundo real e quais resultados são possíveis.

O que diferencia este livro é sua ênfase na simplicidade e na escala. Muitos livros de negócios complicam demais as coisas ou exigem que você monte uma infraestrutura tecnológica complexa. Mas eu acredito em modelos de negócios que sejam ao mesmo tempo acessíveis e poderosos. Por isso, todos os negócios apresentados neste livro podem ser iniciados com zero funcionários, zero estoque e capital inicial mínimo. Tudo o que você precisa é curiosidade, comprometimento e disposição para testar e aprender. Se você estiver disposto a investir algum tempo e aplicar o que aprender aqui, poderá construir fontes de renda que funcionam enquanto você dorme.

Este livro é para criadores, freelancers, consultores, profissionais de marketing, especialistas em imóveis, donos de agências, pais que trabalham em casa e nômades digitais. Independentemente do seu nível de experiência, a IA é o grande nivelador. Você não precisa ser engenheiro para se beneficiar dela. Com as ferramentas de IA atuais, plataformas no-code e automações inteligentes, lançar um negócio online lucrativo nunca foi tão fácil. E depois que você fizer isso uma vez, perceberá como o processo pode ser repetido.

Ao longo deste livro, você também encontrará prompts opcionais, listas de ferramentas, exemplos de monetização e modelos de automação que poderá acessar através do meu site ou da seção de recursos bônus. Esses recursos existem para economizar seu tempo, eliminar a sobrecarga de informações e oferecer o caminho mais rápido para gerar lucro. Meu objetivo não é apenas ensinar ideias, mas ajudá-lo a implementá-las de forma rápida e confiante — sem enrolação, apenas resultados.

Se você está pronto para transformar a IA em renda, escalar com sistemas em vez de estresse e construir negócios que não o esgotem, este livro mostrará como. Os próximos capítulos revelarão uma ideia lucrativa de negócio com IA de cada vez, com tudo o que você precisa para colocá-la em prática. Você aprenderá, imaginará e, mais importante, entrará em ação.

Vamos começar sua jornada de negócios impulsionados por IA.

Capítulo 1: Narração por Voz como Serviço com IA

Uma das maneiras mais rápidas e escaláveis de iniciar um negócio individual com IA em 2026 é oferecendo serviços de narração usando geradores avançados de voz por inteligência artificial. Tradicionalmente, o trabalho de narração exigia microfones profissionais, estúdios com isolamento acústico e anos de treinamento vocal. Agora, ferramentas de IA como ElevenLabs, PlayHT e Murf tornam possível para qualquer pessoa produzir narrações com qualidade de estúdio em dezenas de vozes, idiomas e tons emocionais — apenas com um roteiro de texto e alguns cliques.

O modelo de negócio é simples. Clientes — desde criadores de YouTube e podcasters até profissionais de marketing, educadores e editoras de audiolivros — precisam de narrações para seus projetos. Em vez de contratar talentos caros, eles podem pagar você para criar narrações rápidas, acessíveis e de alta qualidade geradas por IA. Você se torna o intermediário entre a demanda do cliente e a tecnologia de IA. Você não precisa gravar nada pessoalmente. Basta oferecer o serviço, gerenciar o fluxo de trabalho e entregar o produto final. E graças à automação, você pode escalar esse negócio atendendo vários clientes ao mesmo tempo.

Para começar, escolha uma ou duas ferramentas de voz por IA que ofereçam direitos comerciais. O ElevenLabs atualmente é um dos mais avançados e realistas, com capacidades multilíngues e múltiplas emoções. Você pode clonar sua própria voz ou escolher entre centenas de vozes prontas. Para narrações simples de marketing, Murf e PlayHT também oferecem excelentes resultados e recursos de colaboração em equipe. Essas plataformas geralmente oferecem planos mensais acessíveis que permitem gerar horas de áudio por mês, tornando-as extremamente econômicas para um negócio de serviços.

Em seguida, decida seu nicho. Em vez de oferecer narrações para "tudo", especialize-se. Por exemplo, você pode focar em vídeos explicativos para YouTube, histórias infantis, narrações para tours virtuais de imóveis, produção de audiolivros ou narração para cursos online. Isso facilita a divulgação do seu serviço, a conquista de clientes e a construção de uma marca reconhecível. Se você fala vários idiomas ou oferece tradução, pode se posicionar como especialista em narração bilíngue ou multilíngue — um nicho altamente valioso em mercados globais.

Agora configure a infraestrutura simples do seu negócio. Você precisará de uma landing page ou perfil em plataformas como Fiverr, Upwork ou em seu próprio site. Mostre exemplos de áudio (gerados com ferramentas de IA), liste seus pacotes (por exemplo: 100 palavras por $25, 500 palavras por $75) e ofereça prazos de entrega de 24 a 72 horas. Use ferramentas de automação como Google Forms ou Tally.so para coletar os detalhes do projeto. Quando um cliente enviar um roteiro, você o processa em sua ferramenta de IA, faz edições básicas ou adiciona música de fundo se necessário (usando aplicativos como Descript ou Audacity) e entrega o resultado com um link de download. Você pode até usar o ChatGPT para reescrever ou melhorar roteiros antes de convertê-los em voz.

Escalar esse negócio também é fácil. Você pode criar pacotes pré-definidos, vender serviços extras (como música, efeitos sonoros ou traduções) e até contratar assistentes virtuais ou usar Zapier e Make.com para automatizar o recebimento de pedidos, faturamento e entrega. Com uma base crescente de clientes, você pode criar planos mensais para introduções de podcasts, narrações de canais ou conteúdo recorrente — transformando trabalhos pontuais em renda contínua. Com o tempo, você pode evoluir isso para uma agência completa de áudio digital alimentada inteiramente por IA e automação.

O que torna esse negócio especialmente atraente é a margem de lucro. Sem estoque, sem envio, sem custos de mão de obra e com taxas mensais de software muito baixas, quase todo o dinheiro ganho se torna lucro. Melhor ainda, você pode administrar toda a operação a partir do seu laptop enquanto viaja, trabalha meio período ou gerencia outras fontes de renda. É um negócio de baixo risco, rápido de lançar e altamente escalável.

Se você está procurando iniciar um negócio de serviços com demanda quase imediata, a narração como serviço usando IA é um primeiro passo ideal. Você pode começar hoje mesmo sem experiência, sem talento vocal e com muito pouco dinheiro — apenas com uma estratégia inteligente e as ferramentas certas. Depois de vender sua primeira narração com IA, você perceberá o enorme potencial desse modelo e quantas direções ele pode crescer.

A história de Samantha

Samantha sempre gostou da ideia de empreendedorismo, mas nunca sentiu que tinha as habilidades certas para iniciar um negócio. Ela não era programadora, não tinha um produto para vender e não era particularmente extrovertida. Trabalhava em tempo integral como recepcionista em um consultório médico e frequentemente ouvia audiolivros e vídeos do YouTube durante seu trajeto para o trabalho.

Uma noite, enquanto navegava por um grupo no Facebook sobre ideias de renda remota, ela encontrou uma publicação de alguém dizendo que havia ganho $4.000 no mês anterior oferecendo narrações usando IA. Curiosa e um pouco cética, Samantha clicou no link.

A publicação a levou a uma demonstração do ElevenLabs, onde uma mulher digitou um pequeno parágrafo, escolheu uma voz extremamente realista e gerou uma narração perfeita e emocional em menos de um minuto. Samantha ficou impressionada. Não soava robótico — era quase indistinguível de um ator profissional de voz.

Naquela mesma noite, ela se registrou para um teste gratuito e passou horas experimentando diferentes vozes, sotaques e emoções. Em poucos dias, criou uma dúzia de exemplos, incluindo narrações de livros infantis, introduções motivacionais para podcasts e até um roteiro imobiliário em espanhol.

Samantha decidiu tratar aquilo como um negócio real. Usou o Canva para criar um logotipo e construiu um site simples com página inicial, preços, formulário de contato e amostras de áudio incorporadas. Em seguida, abriu uma conta no Fiverr e listou três pacotes básicos: $25 para até 150 palavras, $75 para 500 palavras e um pacote premium de $125 para roteiros mais longos com música de fundo.

Ela usou o ChatGPT para escrever a descrição do perfil, títulos e perguntas frequentes. Com nada além de ferramentas gratuitas e sua assinatura de IA, ela estava oficialmente em funcionamento.

Seu primeiro cliente apareceu em menos de 48 horas – um pequeno canal do YouTube que precisava de narração para um vídeo explicativo. O cliente enviou um roteiro de 300 palavras. Samantha abriu o ElevenLabs, escolheu uma voz feminina confiante e gerou a narração. Depois, usando o Descript, limpou pequenas pausas e adicionou uma música de fundo suave. Entregou tudo em menos de 24 horas.

O cliente ficou encantado e deixou uma avaliação de cinco estrelas. Essa avaliação ajudou Samantha a ser descoberta por mais clientes, incluindo um corretor de imóveis que queria 10 narrações para tours virtuais de casas. De repente, Samantha estava com a agenda cheia para a semana seguinte.

Durante o mês seguinte, ela construiu uma biblioteca de vozes e até testou criar sua própria voz clonada usando o ElevenLabs. Ofereceu isso como um pacote de "narrador pessoal" e logo conseguiu um cliente que queria que todo o seu audiolivro fosse narrado com sua própria voz sem precisar gravar nada. Samantha cobrou $400 e entregou em três dias.

Sua confiança aumentou muito. Ela começou a criar uma lista de indicações, automatizou o recebimento de pedidos com Tally.so e usou Google Sheets para gerenciar encomendas. No final do segundo mês, havia ganhado $2.300 — mais do que ganhava em seu trabalho de meio período.

O verdadeiro ponto de virada veio quando ela começou a oferecer planos mensais. Entrou em contato com apresentadores de podcasts e criadores de conteúdo com a seguinte proposta: "Deixe-me ser sua parceira de narração com IA. Entrego introduções, narrações ou promoções semanais por um valor mensal fixo."

Três pessoas aceitaram pagar $250 por mês. Isso significava renda recorrente — sem precisar buscar novos clientes toda semana. Agora ela tinha estabilidade e, com mais tempo livre, criou pacotes para histórias infantis, gravações de meditação e narrações bilíngues.

Os amigos de Samantha não conseguiam acreditar que ela estava sendo paga sem sequer falar em um microfone. O que começou como um simples experimento se transformou em um negócio completo. Ela era sua própria chefe, trabalhando da mesa da cozinha enquanto tomava café de pijama.

Sem estoque, sem funcionários e com softwares funcionando 24 horas por dia, Samantha finalmente encontrou um negócio que fazia sentido — um negócio que combinava com seu estilo de vida, suas habilidades e seu desejo de liberdade.

No quinto mês, Samantha já havia substituído a renda do seu emprego e decidiu trabalhar em tempo integral. Seus clientes incluíam YouTubers, coaches, criadores de cursos e até uma editora de audiolivros. Ela não estava apenas entregando narrações — estava administrando uma agência moderna alimentada por IA, que lhe dava a liberdade de trabalhar quando e onde quisesse.

O que começou com uma simples narração se tornou o início de uma nova vida — uma vida em que a IA era sua equipe e suas palavras se transformavam na voz de outras pessoas.

Capítulo 2: Agência de Reaproveitamento de Conteúdo com IA

Um dos serviços mais procurados atualmente na economia dos criadores é o reaproveitamento de conteúdo — transformar conteúdos longos, como podcasts, vídeos do YouTube, webinars ou posts de blog, em múltiplos conteúdos curtos prontos para diferentes plataformas. Com a ajuda da IA, agora você pode criar uma agência de reaproveitamento que entrega clipes editados, citações, legendas para redes sociais, reels e artigos sem precisar ter experiência em edição. Esse serviço é extremamente valioso para criadores de conteúdo, coaches, profissionais de marketing e pequenas empresas que desejam crescer em várias plataformas, mas não têm tempo ou equipe para fazer isso.

No centro desse modelo está a ideia de transformar uma única peça de conteúdo em dez ou mais resultados diferentes. Por exemplo, um episódio de podcast de 30 minutos pode se tornar cinco Reels para Instagram, três TikToks, um YouTube Short, um post de blog e uma newsletter. Isso é multiplicação de conteúdo — e criadores estão dispostos a pagar por isso. Ferramentas de IA como Opus Clip, Pictory, Descript, Wisecut e CapCut agora automatizam tudo, desde a seleção de cenas e legendas até edição e branding. Ferramentas como ChatGPT e

Jasper podem gerar legendas para redes sociais, resumos e e-mails a partir de transcrições em segundos.

Para lançar esse negócio, comece dominando duas ou três ferramentas. O Opus Clip é ideal para identificar momentos virais em vídeos longos e transformá-los em clipes curtos de alto desempenho. O Descript ajuda a transcrever e editar áudio de forma visual — perfeito para podcasts. O CapCut, combinado com templates, pode finalizar vídeos para TikTok ou Instagram. Com o ChatGPT ou Claude, você pode criar resumos, citações e legendas que acompanham o conteúdo. Você não precisa de softwares caros ou habilidades avançadas de edição — apenas um fluxo de trabalho que combine essas ferramentas de forma eficiente.

Depois de se sentir confiante com essas ferramentas, posicione-se como especialista em reaproveitamento de conteúdo. Escolha um nicho como YouTubers, influenciadores imobiliários, coaches, autores ou fundadores de startups. Em seguida, crie alguns exemplos de antes e depois pegando um vídeo público do YouTube, processando-o com suas ferramentas e mostrando no que ele se transforma. Use esses exemplos como portfólio e publique-os em uma página do Notion, pasta do Google Drive ou em um site simples. Você também pode oferecer esses serviços em plataformas como

Upwork, Fiverr ou Twitter oferecendo pacotes iniciais de 1 a 3 clipes.

Em termos de preço, muitas agências cobram entre $200 e $1.500 por mês, dependendo do que entregam. Um modelo amigável para iniciantes é um serviço semanal: por exemplo, você recebe um vídeo de 30 minutos toda semana e entrega cinco clipes curtos e um pacote de legendas para redes sociais toda sexta-feira por $299/mês. Serviços adicionais podem incluir legendas personalizadas com marca, formato vertical, thumbnails ou resumos de podcast. Com o tempo, você pode vender serviços de gestão completa de redes sociais ou oferecer pacotes de conteúdo em lote.

Para automatizar e escalar, utilize Make.com ou Zapier para configurar sistemas de recebimento e entrega de arquivos. Os clientes podem enviar seus vídeos longos para uma pasta no Google Drive ou usar um formulário Typeform para enviar links. Você recebe uma notificação, processa o conteúdo com seu fluxo de IA e entrega o conteúdo final em uma pasta organizada com um link do Notion. Tudo se torna simplificado — desde o onboarding do cliente até a entrega final.

Esse modelo é especialmente poderoso por causa do potencial de renda recorrente. Criadores precisam de conteúdo semanal e, quando encontram um parceiro confiável, tendem a permanecer por muito tempo. Conseguindo apenas 10 clientes pagando $299/mês, você pode gerar quase $3.000 por mês em renda recorrente. E com as automações e templates certos, você pode realizar esse trabalho em poucas horas por semana — ou eventualmente treinar um assistente virtual para ajudar enquanto você foca no crescimento.

O reaproveitamento de conteúdo com IA é um dos serviços mais práticos e escaláveis que você pode oferecer hoje. Existe alta demanda, é fácil de começar e permite grande alavancagem de tempo. O melhor de tudo é que ele ajuda criadores a crescer — o que significa que seu valor aumenta conforme eles também crescem. Se você quer construir um negócio que apoie outros empreendedores, gere renda recorrente e escale com facilidade, este é um dos modelos de serviço com IA mais preparados para o futuro.

Diego: o designer gráfico freelancer

Diego era um designer gráfico freelancer que estava cansado de perseguir trabalhos ocasionais de design. O ciclo de meses bons e meses ruins o desgastava, e todos os meses ele se preocupava se ganharia o suficiente para pagar o aluguel. Uma noite, enquanto assistia a um vídeo no YouTube sobre ferramentas de IA para criativos, ele viu uma demonstração do Opus Clip. O vídeo mostrava como extrair automaticamente clipes virais de um episódio de podcast — completos com legendas, emojis e efeitos de zoom automáticos.

Diego já havia editado vídeos de forma casual no passado, mas aquilo era diferente. Ele percebeu que não era apenas uma ferramenta. Era um negócio.

No dia seguinte, Diego fez um teste. Ele baixou uma entrevista gratuita do YouTube com licença de domínio público e a enviou para o Opus Clip. Em poucos minutos, tinha cinco shorts prontos e chamativos. Ele adicionou seus próprios elementos de marca usando CapCut, colocou música e organizou tudo em uma pasta. Depois escreveu legendas para Instagram usando ChatGPT e organizou tudo em uma página limpa no Notion. O que ele produziu em duas horas parecia algo pelo qual uma agência de marketing cobraria centenas de dólares.

Ele enviou um e-mail para um coach de negócios que seguia online e fez uma oferta simples:
"Envie-me um dos seus vídeos longos do YouTube e eu lhe enviarei cinco shorts prontos para viralizar gratuitamente. Se gostar, posso oferecer um pacote semanal."

O coach respondeu no mesmo dia e enviou um vídeo. Diego processou o conteúdo, enviou o material finalizado e esperou. Na manhã seguinte, o coach publicou um dos clipes — e ele recebeu mais visualizações em 24 horas do que os últimos cinco vídeos juntos. Na mesma hora ele contratou Diego por um pacote de $250 por semana.

Com um cliente real garantido, Diego levou o negócio a sério. Ele criou uma marca chamada "Clip Reactor" e construiu uma landing page usando Carrd. Carregou exemplos de clipes, planos de preços e um formulário de onboarding conectado ao seu e-mail. Depois criou um sistema no Google Drive onde os clientes poderiam enviar vídeos e receber conteúdo finalizado toda sexta-feira.

Ele mesmo cuidava da edição usando uma combinação de Opus Clip, Descript e ChatGPT. Parecia muito mais fácil do que correr atrás de trabalhos freelancers aleatórios.

Em três semanas, ele já tinha quatro clientes em planos mensais. Alguns eram YouTubers, outros podcasters e um era um treinador de fitness local tentando crescer no Instagram. A proposta de Diego era simples:
"Você grava uma vez por semana — eu transformo isso em 10 peças de conteúdo que fazem seu público crescer."

Quanto mais conteúdo seus clientes produziam, mais precisavam do serviço dele. E como Diego era rápido, acessível e consistente, começaram a indicá-lo para amigos.

Ele simplificou tudo. Os clientes preenchiam um formulário, enviavam seus vídeos e recebiam conteúdo curto com marca personalizada, imagens de citações, resumos de posts de blog e até rascunhos de newsletters. Diego não precisava usar câmera ou microfone — a IA fazia o trabalho pesado.

Ele passava a maior parte do tempo gerenciando clientes e melhorando seu fluxo de trabalho. À medida que o negócio cresceu, contratou um assistente virtual das Filipinas para ajudar com formatação e entrega.

No terceiro mês, Diego já estava ganhando mais de $4.000 por mês. Mas o verdadeiro poder estava na consistência. Sua renda não voltava mais para zero a cada mês — ela crescia. Ele não estava mais esgotado e finalmente tinha tranquilidade.

Nos fins de semana, começou a reaproveitar seu próprio conteúdo — falando sobre como iniciar uma agência de reaproveitamento com IA. Publicava bastidores e explicações do processo, o que atraiu ainda mais criadores para seus serviços.

Eventualmente, Diego expandiu. Ele lançou um produto digital ensinando outras pessoas a construir um negócio de reaproveitamento de conteúdo usando IA. Esse produto gerou $1.200 nas primeiras duas semanas.

Ele percebeu que havia construído não apenas uma fonte de renda, mas uma marca. O que começou como um simples trabalho — transformar vídeos longos em conteúdo curto — se tornou uma agência completa alimentada por automação, inteligência artificial e uma visão de consistência em vez de caos.

Pela primeira vez em anos, Diego não estava correndo atrás de trabalho. Ele estava construindo algo. E a cada clipe que entregava, seus clientes cresciam — e seu futuro também.

Capítulo 3: Serviço de Geração de Leads com IA para Negócios Locais

Negócios locais dependem fortemente de um fluxo constante de leads para sobreviver — seja um corretor de imóveis precisando de novos compradores, um dentista procurando pacientes ou um personal trainer tentando preencher suas sessões. O problema é que a maioria dos proprietários de pequenas empresas está ocupada demais ou não tem experiência suficiente com marketing digital para gerar leads online de forma consistente. É aí que você entra — oferecendo um serviço de geração de leads feito para o cliente, alimentado por IA e adaptado especificamente para negócios locais, tudo isso sem fazer ligações frias manuais ou anúncios pagos.

No centro desse modelo de negócio está o uso de ferramentas de IA para identificar e qualificar leads, automatizar o contato e entregar potenciais clientes já interessados para seus clientes. Em vez de passar horas coletando dados manualmente ou enviando e-mails frios um por um, você usará ferramentas inteligentes para encontrar o público certo e nutrir esses contatos automaticamente. Você não precisa ser um especialista em vendas — a IA faz grande parte do trabalho pesado, tornando este um dos negócios de serviço mais escaláveis para empreendedores individuais.

Para começar, escolha um nicho de negócios locais. Corretores de imóveis, empreiteiros, prestadores de serviços domésticos e clínicas estéticas são ótimos pontos de partida porque normalmente oferecem serviços de alto valor e têm conhecimento limitado de marketing digital. Em seguida, escolha uma área geográfica local para focar. Por exemplo, você pode oferecer "Geração de Leads para Corretores de Imóveis em Tampa" ou "Sistema de Clientes com IA para Dentistas em Miami". Concentrar-se em uma cidade e em um tipo específico de negócio torna sua proposta mais específica e poderosa.

Sua configuração básica incluirá três partes principais:

1. uma fonte de leads,
2. um método de contato, e
3. um sistema de acompanhamento automatizado com IA.

Use ferramentas como PropertyRadar, Apollo.io ou até diretórios locais de empresas para compilar listas de leads com base no setor, localização e comportamento. Em seguida, use verificadores de e-mail ou ferramentas de extração do LinkedIn para encontrar informações de contato. Depois disso, você pode inserir esses contatos em uma sequência usando ferramentas como Instantly, Smartlead ou GoHighLevel —

combinadas com ChatGPT para criar mensagens de contato personalizadas.

O que torna esse serviço ainda mais poderoso é a capacidade de construir e licenciar funis automatizados. Por exemplo, você pode criar uma página de agendamento de consulta gratuita usando TidyCal ou Calendly, incorporar um chatbot de IA usando ManyChat ou Chatbase e permitir que os próprios interessados marquem seus horários. Quando seu cliente recebe os leads, você acompanha os resultados usando Google Sheets, Notion ou painéis de CRM. Essa estrutura é rápida de implementar, fácil de medir e extremamente valiosa para empresários que normalmente não têm tempo nem habilidades técnicas.

Você pode cobrar entre $500 e $2.000 por mês, dependendo do que entrega. Alguns clientes preferem pagar uma taxa fixa pela geração de leads, enquanto outros pagarão por cada agendamento qualificado. Você também pode usar um modelo híbrido: $500 base + $50 por ligação agendada. Depois de provar resultados em um nicho, você pode replicar o mesmo sistema em dezenas de cidades e setores. Não é necessário criar novos funis ou ferramentas — basta duplicar e personalizar. É assim que você escala sem precisar de funcionários.

Para simplificar as operações, crie templates reutilizáveis de prompts de IA para diferentes setores (por exemplo: "Escreva um e-mail de prospecção para um corretor de imóveis em Miami oferecendo um relatório gratuito de avaliação de imóveis"). Automatize os acompanhamentos com sequências e lembretes de calendário. Use Zapier para conectar a captura de leads às caixas de entrada dos clientes e aos relatórios. Ao padronizar seu processo, você pode gerenciar mais de 10 clientes sozinho ou contratar um assistente virtual para ajudar conforme o negócio cresce.

O que diferencia esse modelo das agências de marketing tradicionais é a abordagem focada em automação. Você não precisa criar sites complexos, gerenciar contas de anúncios ou passar horas em reuniões. Em vez disso, você oferece um resultado claro: leads qualificados prontos para conversar. A IA faz o processamento de dados, a escrita das mensagens de contato e o acompanhamento — e você apenas gerencia o sistema.

Esse modelo de negócio é especialmente poderoso em setores resistentes a crises, como imobiliário, serviços jurídicos, saúde e serviços técnicos. Esses negócios sempre precisarão de clientes, e se você puder ser a pessoa que os traz — até mesmo enquanto dorme — seu valor aumenta enormemente. Se você está procurando um negócio enxuto, poderoso e de alta renda com IA para operar de casa, a geração de leads para negócios locais é uma escolha inteligente.

Vamos conhecer agora a história de Melissa

Melissa havia trabalhado por anos como assistente virtual, gerenciando e-mails, calendários e redes sociais para alguns empreendedores. O pagamento era mediano, os horários inconsistentes e ela sentia que estava presa fazendo tarefas repetitivas. Mas o que ela realmente queria era liberdade — financeira e criativa. Ela sabia que era inteligente, organizada e boa com tecnologia. O que não sabia era como transformar essas habilidades em um negócio próprio.

Isso mudou no dia em que ela ouviu um episódio de podcast sobre o uso de IA para geração de leads.

O apresentador falava sobre automatizar o contato para empresas locais e cobrar mensalidades por algo que toda empresa precisa — mais clientes. Melissa ficou intrigada. Ela nunca havia considerado trabalhar com geração de leads, mas a forma como foi explicado parecia simples: escolher um tipo de negócio, encontrar possíveis clientes, enviar e-mails escritos por IA e agendar reuniões.

Naquela noite, ela fez anotações, criou uma lista de tarefas e decidiu tentar. Era hora de construir algo para si mesma.

Ela começou com corretores de imóveis em sua cidade, Orlando. Já seguia alguns corretores locais no Instagram e o mercado imobiliário estava aquecido. Usando um teste gratuito do Apollo.io, ela extraiu uma lista de 50 corretores com e-mails verificados. Depois abriu o ChatGPT e escreveu um prompt:

"Escreva um e-mail de prospecção apresentando um serviço de geração de leads que agenda consultas com compradores motivados para corretores de imóveis em Orlando."

O resultado ficou surpreendentemente profissional. Ela adicionou um link do Calendly para agendamento e enviou os primeiros 10 e-mails manualmente usando uma nova conta de Gmail criada para o negócio.

Dois dias depois, um corretor local chamado James respondeu.

"Oi, estou interessado. Pode explicar como funciona?"

Melissa quase gritou de felicidade. Ela respondeu rapidamente, explicando que usava softwares e automação para identificar pessoas com probabilidade de comprar imóveis e entrar em contato com elas em nome dos corretores, agendando apenas os leads mais qualificados.

James respondeu:

"Vamos testar por uma semana."

Ela nem tinha definido um preço ainda — então ofereceu o primeiro lote gratuitamente apenas para provar que funcionava.

Melissa usou o PropertyRadar para identificar proprietários em Orlando que haviam listado imóveis FSBO (For Sale By Owner) nos últimos seis meses. Cruzou essas informações com e-mails encontrados online e enviou outra rodada de mensagens personalizadas — desta vez se apresentando como uma "consultora imobiliária" trabalhando com James.

Em 72 horas, recebeu três respostas e um agendamento confirmado por telefone. James ficou impressionado. Ele fechou um contrato de um mês por $600 e perguntou se ela poderia fazer o mesmo para seu parceiro de hipotecas.

Agora as coisas estavam ganhando velocidade.

Melissa criou um painel de geração de leads no Notion para acompanhar quem foi contatado, quais respostas chegaram e quais leads se converteram. Criou templates para sequências de e-mails, formulários de onboarding e páginas de agendamento. Ela não precisava mais escrever cada mensagem do zero — o ChatGPT fazia a maior parte.

Zapier automatizava os acompanhamentos e Google Sheets monitorava os resultados. Seu novo negócio estava funcionando melhor do que ela imaginava — e era apenas ela, um laptop e algumas ferramentas de IA.

Logo ela expandiu seu nicho. Ofereceu seus serviços para clínicas estéticas, empresas de telhados e até advogados de imigração. A proposta era sempre a mesma:

"Eu encontro leads qualificados no seu mercado local usando IA — você fala apenas com pessoas prontas para agendar."

A maioria dos empresários achou a proposta interessante. Eles não queriam aprender a rodar anúncios no Facebook ou criar funis complexos. Queriam apenas clientes — e Melissa entregava.

Em 60 dias, ela já tinha cinco clientes pagantes em planos mensais, gerando quase $3.000 por mês. Mas, diferente do trabalho antigo de assistente virtual, esse modelo não era por hora — era baseado em resultados.

Ela tinha sistemas funcionando, automações cuidando do trabalho pesado e seu valor estava ligado aos resultados, não ao tempo trabalhado.

Ela até contratou seu primo adolescente para ajudar a organizar listas de leads e agendar chamadas, enquanto ela se concentrava em prospecção e parcerias.

O ponto de virada veio quando um escritório de advocacia local perguntou se ela poderia gerar leads em espanhol.

Melissa falava espanhol fluentemente e percebeu que havia encontrado um nicho que a maioria das agências ignorava.

Ela aumentou seus preços, criou um funil de prospecção em espanhol e começou a focar em setores que atendiam mercados bilíngues. Essa única mudança dobrou sua receita em menos de um mês.

Olhando para trás, Melissa mal acreditava que havia passado de assistente virtual para dona de sua própria agência automatizada de geração de leads.

Ela trabalhava menos horas, ganhava mais dinheiro e tinha total controle sobre sua agenda.

E o melhor de tudo: ajudava pequenas empresas a crescer — e elas agradeciam por isso.

Capítulo 4: Loja de Templates com IA para Downloads Digitais

Um dos negócios mais fáceis e lucrativos alimentados por IA que você pode lançar sem estoque é uma loja de templates digitais. Templates são arquivos pré-desenhados e prontos para uso que as pessoas podem baixar e personalizar — e a demanda por eles é enorme. Esses templates podem incluir documentos empresariais, contratos legais, currículos, planos alimentares, calendários de redes sociais, apresentações, planners, layouts de eBooks, materiais de marketing imobiliário e muito mais. Ao combinar IA com plataformas como Canva, Notion, Google Docs e Excel, você pode gerar rapidamente dezenas — ou até centenas — de produtos digitais que vendem automaticamente.

O grande atrativo desse modelo de negócio está na escalabilidade e na automação. Você cria um template uma única vez, envia para um marketplace online ou para sua própria loja, e ele pode ser vendido repetidamente sem trabalho adicional. Quase não há necessidade de suporte ao cliente além de perguntas ocasionais, e a entrega é instantânea — os compradores recebem um link para baixar o template. Com ferramentas de IA como ChatGPT, Claude e Jasper, você pode gerar templates baseados em conteúdo (como planos de negócios, e-mails de vendas ou roteiros) em poucos minutos. Para templates focados em design, você pode usar o Canva com elementos assistidos por IA para produzir layouts modernos rapidamente.

Para começar, identifique um nicho onde templates resolvam um problema específico. Por exemplo, donos de pequenas empresas estão sempre procurando planners de redes sociais, modelos de faturas, documentos de onboarding ou kits de branding. Pessoas que procuram emprego precisam de modelos de currículo, cartas de apresentação e guias para otimizar o LinkedIn. Profissionais de fitness querem formulários de avaliação de clientes, rastreadores de progresso e planilhas de planejamento alimentar. Depois de escolher seu nicho, pense em um pacote de 5 a 10 templates que tornem a vida ou o negócio dessas pessoas mais fácil.

Em seguida, comece a criar. Use o ChatGPT para gerar o conteúdo de templates como planos de negócios ou sequências de e-mail. Use o Canva para criar layouts visualmente atraentes. Por exemplo, um "Template de Apresentação de Imóveis" pode incluir slides prontos, prompts de chamada para ação e espaços personalizáveis para fotos. Exporte seus templates em formatos como PDF, Google Docs, páginas do Notion ou templates do Canva com links compartilháveis.

Armazene tudo em pastas organizadas no Google Drive, Dropbox ou Gumroad para entrega instantânea.

Depois disso, configure sua loja. Você pode vender templates no Etsy, Gumroad, Payhip ou em seu próprio site usando plataformas como Shopify ou Podia. Liste cada template com um título atraente, descrição otimizada para SEO e imagens de pré-visualização atrativas. Se estiver focando em profissionais de negócios, destaque o valor — quanto tempo ou dinheiro seu template economiza. Se estiver vendendo para criadores ou coaches, destaque o design e a facilidade de uso. Você também pode agrupar vários templates em pacotes para aumentar o valor percebido ou oferecer materiais gratuitos para construir uma lista de e-mails.

Os preços podem variar de $5 para um template simples até mais de $100 para pacotes premium. Muitos vendedores de sucesso oferecem bundles intermediários por $27 ou $47 que incluem de 10 a 20 documentos. A beleza desse negócio é que, uma vez que o template está pronto, não há limite para quantas vezes ele pode ser vendido. E ao oferecer uma grande variedade de templates ou focar profundamente em um nicho específico, você pode criar uma fonte recorrente de renda passiva.

Para aumentar o tráfego, use pins no Pinterest, tutoriais em YouTube Shorts, Instagram Reels ou vídeos no TikTok mostrando seus templates em uso. Você também pode oferecer versões gratuitas dos seus templates em troca de inscrições por e-mail e promover novos pacotes através de newsletters automatizadas. Ferramentas de IA como Systeme.io ou MailerLite facilitam a criação de um funil de e-mail. Uma vez que alguém entra no seu ecossistema, pode comprar de você repetidamente — especialmente se você lançar templates sazonais ou novos produtos todos os meses.

Com esse modelo, não existem chamadas com clientes, prazos apertados ou atrasos de entrega. Você trabalha uma vez e pode receber para sempre. E graças à IA, o processo de criação é mais rápido e fácil do que nunca. Seja criando templates criativos, soluções empresariais ou recursos educacionais, existe um nicho de produtos digitais esperando por você. Se você quer construir um negócio global verdadeiramente passivo com zero estoque e custos mínimos, lançar uma loja de templates gerados por IA é uma das decisões mais inteligentes que você pode tomar em 2026 e nos próximos anos.

O Planner Semanal de Metas de Lena

Lena sempre foi organizada — quase obsessivamente. Seus amigos brincavam sobre seus cronogramas coloridos, itinerários detalhados e sistemas de produtividade. Mas ela se orgulhava de trazer ordem ao caos. Durante anos trabalhou como coordenadora de projetos em uma startup, criando templates internos para praticamente tudo — onboarding, campanhas de marketing, processos operacionais, reuniões de equipe e muito mais.

Então, um dia, durante uma redução de pessoal na empresa, ela perdeu o emprego. O impacto foi forte. Ela tinha economias, mas o medo da instabilidade permanecia. Naquela noite, enquanto navegava no YouTube para distrair a mente, encontrou um vídeo chamado “Ganhe $1.000 por semana vendendo templates criados com ChatGPT”.

Ela ficou cética — mas curiosa.

O criador do vídeo mostrava como usar IA para gerar documentos ricos em conteúdo, como planos de negócios e sequências de e-mail, e depois formatá-los no Canva ou Notion para revenda. A mente de Lena começou a correr. Ela tinha uma década inteira de templates que havia criado no trabalho — organizados, eficientes e agora disponíveis para reaproveitar.

Ela ficou acordada até as duas da manhã revisando arquivos antigos e escrevendo ideias. Na manhã seguinte, já tinha a estrutura de seu primeiro produto digital: um “Pacote Inicial para Solopreneurs" que incluía um template de plano de negócios, um calendário de conteúdo, um rastreador de projetos e um documento de onboarding para clientes.

Usando o Canva, ela refinou o layout e adicionou elementos de marca. Com ChatGPT, atualizou o texto para atender coaches, consultores e freelancers. Depois enviou tudo para o Gumroad, criou uma landing page simples e definiu o preço em $19.

Ela compartilhou o link no LinkedIn e em alguns grupos de freelancers no Facebook.

Duas horas depois, recebeu sua primeira venda.

A sensação foi incrível. Alguém, em algum lugar, havia pago por algo que ela criou uma vez e que não precisava modificar novamente. Parecia mágica.

Animada, Lena decidiu investir mais nisso. Criou uma lista de públicos que poderiam usar templates: corretores de imóveis, treinadores de fitness, organizadores de casamentos, professores de inglês e criadores de conteúdo.

Para cada grupo, ela pensou em 5 a 10 ideias de templates.

Usando ChatGPT e seus próprios sistemas como inspiração, criou templates como:

Checklist de Open House para Corretores de Imóveis
Planner Semanal para Personal Trainers
Template de Proposta para Freelancers

Ela agrupou os templates em pacotes temáticos e os publicou no Etsy e no Payhip. Para as imagens de pré-visualização, usou mockups do Canva e fotos de banco de imagens para deixar tudo visualmente atrativo.

As vendas começaram lentamente, mas de forma constante.

Uma venda de $7 aqui.
Um pacote de $27 ali.

Depois do primeiro mês, ela havia ganhado $480.

Não era algo que mudasse sua vida ainda, mas era prova de que funcionava.

Ela criou uma conta no Pinterest e começou a postar pins direcionando para sua loja. Gravou pequenos vídeos no Instagram mostrando como usar os templates no Notion. Também lançou um material gratuito — um "Planner Semanal de Metas" — que as pessoas podiam baixar em troca do e-mail.

Em três semanas, ela tinha 200 pessoas em sua lista.

Quando lançou seu próximo pacote — chamado "Pacote de Reorganização de Negócios do Segundo Trimestre" — ganhou $900 em cinco dias.

Lena passou a ver sua loja de templates como uma prateleira digital cheia de produtos automatizados.

Ela não estava correndo atrás de clientes nem atendendo pedidos personalizados. Estava construindo um ecossistema.

Cada produto levava ao próximo.

Seus clientes viravam seguidores.
Seus seguidores viravam assinantes.
E seus assinantes se tornavam compradores recorrentes.

Ela reservava um dia por semana para criar novos templates e programar suas campanhas de e-mail. O resto do tempo era dela — para ler, cuidar do jardim ou caminhar com seu cachorro.

O que mais a surpreendeu não foi a renda, mas o alcance.

Ela tinha clientes da Austrália, Alemanha e África do Sul comprando seus downloads.

Seu trabalho estava sendo usado por empresas e empreendedores individuais que ela provavelmente nunca conheceria — e isso a enchia de orgulho.

Ela havia se tornado uma empreendedora internacional sem precisar enviar produtos físicos, gerenciar estoque ou contratar uma equipe.

No quarto mês, sua renda média era de $2.200 por mês, em grande parte passiva.

Alguns dias ela ganhava $0.
Outros dias acordava com $200 em vendas durante a noite.

Essa imprevisibilidade já não a incomodava mais.

Ela havia criado algo que crescia sem esforço constante.

O que começou como um plano B após perder o emprego se transformou em seu plano A — um negócio de estilo de vida alimentado por IA, templates e pelo simples desejo de tornar a vida das pessoas mais fácil.

Capítulo 5: Negócio de Publicação de Audiolivros com IA

A indústria de audiolivros está crescendo rapidamente, com vendas globais projetadas para ultrapassar 35 bilhões de dólares nos próximos anos. E graças às ferramentas de geração de voz com IA, você não precisa mais de um narrador profissional, estúdio de gravação ou até mesmo de um contrato com uma editora para participar desse mercado. Hoje, qualquer pessoa com conhecimento, uma ideia interessante ou até mesmo um bom esboço pode lançar seu próprio negócio de publicação de audiolivros — totalmente impulsionado por inteligência artificial. Este é um dos modelos de negócio mais escaláveis, passivos e criativos disponíveis na economia digital, e surpreendentemente é fácil de começar.

No centro desse modelo está a combinação da tecnologia de voz por IA com a publicação de conteúdo não ficcional. Usando ferramentas como ElevenLabs, PlayHT ou Narakeet, você pode converter texto em narração realista e expressiva que rivaliza com atores de voz humanos — sem o alto custo. Basta escrever ou gerar o conteúdo, convertê-lo em áudio usando a ferramenta escolhida e enviá-lo para marketplaces de audiolivros como Findaway Voices, Spotify, Kobo ou até vendê-lo diretamente no Gumroad. Com o nicho certo, boas palavras-chave e posicionamento estratégico, um único audiolivro pode gerar royalties por anos.

Para começar, escolha um tema lucrativo e pesquisável. Foque em resolver um problema específico ou responder a uma pergunta clara. Algumas categorias que costumam ter alto desempenho incluem educação financeira, guias para pequenos negócios, desenvolvimento pessoal, produtividade, transição de carreira, dicas para pais, estratégias de saúde e fitness e tutoriais sobre inteligência artificial. Use ferramentas como Publisher Rocket, pesquisas no Audible ou até palavras-chave do YouTube e Amazon para descobrir o que as pessoas já estão procurando. Uma boa estratégia é criar uma série de 10 livros cobrindo diferentes ângulos de um tema amplo, como "Sucesso no Trabalho Remoto" ou "Trabalhos Paralelos Globais".

Em seguida, crie o conteúdo do seu audiolivro. Você pode escrevê-lo sozinho, usar o ChatGPT como coautor ou até reaproveitar artigos de blog ou materiais de cursos que já possui. Busque criar livros entre 5.000 e 10.000 palavras, divididos em capítulos. Cada capítulo deve resolver uma parte específica de um problema maior. Inclua uma introdução e um epílogo e organize o texto de forma que seja fácil de ouvir. Quando terminar, use o ElevenLabs ou outra ferramenta de voz para converter o texto em arquivos de áudio de alta qualidade, capítulo por capítulo. Se necessário, você pode ajustar ritmo e pronúncia usando as ferramentas integradas ou programas de edição como Audacity.

Quando os arquivos de áudio estiverem prontos, prepare seu audiolivro para distribuição. A maioria das plataformas exige níveis de áudio consistentes, créditos de abertura e encerramento e uma capa (normalmente 3000x3000 pixels). Use ferramentas como Canva para criar capas com títulos fortes, subtítulos claros e seu nome como autor. Você também pode agrupar audiolivros em séries, oferecer coleções completas ou promovê-los junto com eBooks ou PDFs complementares. Depois, envie seus audiolivros para plataformas como Findaway Voices, que distribui para mais de 40 plataformas, incluindo Spotify, Apple Books, Chirp e Barnes & Noble. Você mantém o controle e recebe royalties por cada venda.

A monetização não termina aí. Você pode vender seus audiolivros diretamente em seu próprio site ou no Gumroad, incluí-los como parte de pacotes de cursos online ou licenciar o conteúdo para empresas e instituições educacionais. Também pode oferecer serviços de ghostwriting ou produção de audiolivros para outros criadores que querem entrar nesse mercado, mas não sabem por onde começar. Conforme seu catálogo cresce, você começa a construir uma marca — não apenas como editor, mas como uma voz confiável em seu nicho.

Para tornar o processo mais eficiente e escalável, construa um pipeline de produção. Use o ChatGPT para criar os textos, o ElevenLabs para narrar, o Canva para produzir as capas e o Descript ou Audacity para edições finais. Crie um painel no Notion para acompanhar o status de cada audiolivro — desde a ideia do tema até a lista de verificação de publicação. Depois de publicar alguns livros, estabeleça uma rotina de lançamentos: publique semanalmente ou quinzenalmente, transforme cada audiolivro em pequenos clipes para TikTok ou YouTube e direcione tráfego para seus links no Gumroad ou Spotify. Você também pode automatizar promoções usando ferramentas como Buffer, Systeme.io ou ConvertKit.

Esse negócio não apenas tem baixo custo inicial, como também possui natureza passiva. Depois que os audiolivros são publicados, eles podem continuar gerando renda sem esforço adicional. E à medida que a qualidade das vozes de IA continua melhorando, a barreira de entrada se torna cada vez menor — o que significa que quem começar cedo pode conquistar os melhores nichos e construir catálogos altamente lucrativos. Se você procura um negócio que combine criatividade, automação e alcance global, a publicação de audiolivros com IA é uma oportunidade extraordinária.

Julian, o sonhador

Julian sempre sonhou em ser um autor publicado, mas a vida sempre acabava atrapalhando. Entre trabalhar em tempo integral como professor de ensino médio e criar dois filhos, ele nunca tinha tempo para sentar e escrever — muito menos para descobrir como publicar um livro. Ainda assim, ele amava livros, especialmente audiolivros. Ele os escutava todos os dias durante o trajeto para o trabalho e pensava: "Um dia eu vou fazer isso." Mas a publicação tradicional parecia impossível, e narrar um audiolivro com a própria voz parecia fora de alcance.

Tudo mudou quando ele encontrou um vídeo no YouTube sobre transformar conteúdo escrito por IA em audiolivros usando o ElevenLabs.

A ideia o impressionou. O criador do vídeo mostrava como usar o ChatGPT para escrever livros curtos e informativos e depois convertê-los em áudio com vozes de IA realistas que não pareciam robóticas. Julian passou a noite assistindo tutoriais, fazendo anotações e realizando pequenos testes. Ele digitou um pequeno parágrafo, colocou no ElevenLabs e ficou impressionado ao ouvir uma narração profissional.

Naquele momento, algo fez sentido em sua mente.

Talvez ele não precisasse ser um romancista famoso. Talvez pudesse ser um editor — sem estoque, sem funcionários e sem estúdio de gravação.

No fim de semana seguinte, Julian sentou com um objetivo simples: escrever um guia curto chamado “Como Construir Crédito aos 20 Anos”.

Usando ChatGPT, ele criou um esboço estruturado com capítulos sobre pontuação de crédito, uso responsável de cartões, empréstimos para construção de crédito e armadilhas de dívidas a evitar. Em menos de duas horas, o manuscrito estava pronto. Ele revisou rapidamente, adicionou introdução e conclusão e enviou para o ElevenLabs para gerar a narração.

O resultado final foi natural e pronto para publicação.

Ele criou uma capa quadrada no Canva e enviou tudo para o Findaway Voices.

Uma semana depois, o livro estava disponível no Spotify, Apple Books e mais de 40 outras plataformas. Julian compartilhou o link no Reddit, publicou em um grupo de finanças pessoais no Facebook e enviou para alguns colegas.

Sua primeira venda aconteceu naquela mesma noite — de um desconhecido no Texas.

Essa única venda acendeu algo dentro dele.

Nas duas semanas seguintes, Julian publicou mais dois audiolivros:

Planejamento Financeiro para Estudantes Universitários
Trabalhos Paralelos que Você Pode Começar Neste Fim de Semana

Cada um tinha cerca de 45 minutos de duração e foi criado com o mesmo processo usando IA.

Agora ele tinha um pequeno, mas crescente catálogo de conteúdo atemporal — e tudo estava automatizado.

As vendas começaram lentamente, mas de forma consistente. Alguns dólares por dia se transformaram em $100 no final do mês.

Animado, Julian decidiu ser mais estratégico. Ele criou uma série de 10 livros chamada "Guia de Sobrevivência Financeira", em que cada volume tratava de um desafio específico de finanças pessoais. Ele terceirizou as capas, pediu a um amigo para revisar os textos e programou um lançamento de audiolivro por semana.

Sempre que publicava um novo livro, criava um post nas redes sociais, compartilhava um pequeno trecho de áudio e enviava um e-mail para sua lista crescente de ouvintes.

No terceiro mês, ele já ganhava mais de $700 por mês em royalties.

Mas o que mais o animava era a liberdade.

Ele não precisava fazer marketing pesado, gerenciar clientes ou lidar com logística.

Os audiolivros eram ativos digitais trabalhando para ele 24 horas por dia.

E como resolviam problemas específicos — como dívidas estudantis ou economizar com orçamento limitado — continuavam relevantes.

Ele começou a transformar o conteúdo em eBooks, agrupar audiolivros em pacotes e experimentar novos temas como produtividade, transição de carreira e até dicas para pais.

A confiança de Julian cresceu muito.

Ele começou a se apresentar como editor.

Também criou uma página oferecendo serviços de produção de audiolivros para outras pessoas usando seu sistema com IA.

Coaches, blogueiros e criadores de cursos online o contrataram para transformar seus conteúdos escritos em audiolivros narrados — pagando entre $300 e $500 por projeto.

De repente, ele tinha duas fontes de renda: publicar seus próprios audiolivros e produzir audiolivros para outras pessoas.

Um ano antes, ele nunca teria acreditado que isso seria possível.

Mas ali estava ele — construindo um catálogo crescente, gerando renda passiva e ajudando outras pessoas a compartilhar suas ideias com o mundo.

Tudo a partir de sua sala de estar, usando ferramentas que custavam menos de $50 por mês.

O que começou como curiosidade se transformou em uma missão: democratizar a publicação e provar que, com as ferramentas certas e a mentalidade certa, qualquer pessoa pode se tornar autor — e dono de um negócio.

Capítulo 6: Negócio de Newsletter de Nicho com IA

Newsletters são um dos modelos de negócio mais poderosos disponíveis hoje e, quando alimentadas por IA e focadas em um nicho específico, podem se tornar ativos digitais lucrativos com enorme potencial de escala. Diferente do conteúdo de redes sociais que desaparece em 24 horas, newsletters por e-mail constroem um relacionamento direto e próprio com sua audiência — e com ferramentas como ChatGPT, Notion AI e Beehiiv, você pode criar e automatizar conteúdo valioso em praticamente qualquer tema, mesmo sem experiência em escrita ou habilidades técnicas.

O modelo moderno de newsletters é enxuto, escalável e geralmente monetizado de três maneiras principais: patrocínios, marketing de afiliados e vendas de produtos digitais. A chave é escolher um nicho que esteja crescendo, mas ainda pouco atendido — algo em que os leitores queiram conteúdo selecionado, insights rápidos e valor real sem precisar navegar por inúmeros blogs ou fóruns. Exemplos incluem: "Ferramentas de IA para Corretores de Imóveis", "Dicas de Casa Sustentável Sem Desperdício", "Parentalidade para Nômades Digitais" ou "Criptomoedas para Iniciantes". Quanto mais específico, melhor. Você não precisa de uma audiência enorme para ganhar dinheiro — apenas de uma audiência fiel.

Para começar, escolha seu nicho e defina claramente o propósito da newsletter. Qual promessa você entregará toda semana? Por exemplo: "Toda segunda-feira, receba 5 novas ferramentas de IA para automatizar seu pequeno negócio" ou "Toda sexta-feira, descubra histórias reais de pessoas que estão ganhando dinheiro online com trabalhos paralelos". Depois, use ferramentas de IA para gerar o conteúdo. Você pode pedir ao ChatGPT para resumir notícias em alta, recomendar ferramentas, organizar o texto em tom conversacional ou escrever pequenas seções editoriais. Com os prompts certos, ele também pode sugerir títulos, testar linhas de assunto e criar sequências de e-mail.

Para design e envio, use plataformas como Beehiiv, Substack, MailerLite ou ConvertKit. O Beehiiv é especialmente útil para empreendedores de newsletter, pois oferece rede de anúncios integrada, domínios personalizados e ferramentas de crescimento por indicação. Crie uma landing page, ofereça um lead magnet gratuito (como uma checklist de ferramentas de IA ou um mini-guia) e configure uma sequência automática de e-mails para novos inscritos. Você pode escrever todo o conteúdo no Notion ou Google Docs, formatar com IA e agendar o envio semanal ou quinzenal. Comece simples: consistência é mais importante que complexidade.

A monetização pode começar quando você atingir cerca de 300 a 500 assinantes. Nesse ponto, você pode promover ofertas de afiliados relevantes, como ferramentas de IA, softwares ou templates, e ganhar comissões recorrentes. Quando sua lista ultrapassar 1.000 assinantes, você pode começar a vender patrocínios — cobrando entre $100 e $500 por menção no e-mail. Plataformas como Swapstack e Paved ajudam a conectar criadores com anunciantes. Você também pode vender seus próprios produtos, como downloads digitais, templates, mini-cursos ou assinaturas premium da newsletter com conteúdo exclusivo.

Uma estratégia inteligente é usar IA para criar "blocos de conteúdo evergreen" — seções que podem aparecer repetidamente na newsletter, como dicas da semana, destaque de ferramentas ou perguntas e respostas dos leitores. Isso reduz o tempo de escrita e mantém a qualidade alta. Você também pode automatizar o fluxo de trabalho: usar Zapier ou Make.com para sincronizar inscrições de formulários, acompanhar cliques e atualizar etiquetas de assinantes. Com o tempo, sua newsletter se torna uma máquina — aumentando sua lista, entregando valor e gerando receita enquanto você dorme.

A melhor parte é que você possui o relacionamento com sua audiência. Algoritmos de redes sociais podem mudar, mas sua lista de e-mails é sua. A cada novo assinante, você ganha confiança, atenção e novas oportunidades. E como newsletters são baratas e de baixo risco para operar, você pode testar ideias rapidamente. Você também pode criar várias newsletters em nichos diferentes — cada uma com sua própria voz, forma de monetização e público.

Se você está procurando um negócio simples e escalável com IA que combine criação de conteúdo, automação e valor de longo prazo, começar uma newsletter de nicho é uma das escolhas mais inteligentes para 2026. Seja escrevendo você mesmo ou deixando a IA fazer 90% do trabalho, este é um negócio que constrói ativos reais, cresce com o tempo e posiciona você como autoridade em seu espaço — tudo sem estoque, clientes diretos ou esforço constante.

A história de Cassie

Cassie sempre gostou de organizar e selecionar coisas. Seja playlists no Spotify, painéis no Pinterest ou listas de compras na Amazon, ela tinha talento para encontrar as melhores ferramentas, organizá-las de forma elegante e compartilhar com amigos. Depois de sair de seu emprego em recursos humanos corporativos, começou a trabalhar como freelancer, mas logo percebeu que sentia falta de se comunicar regularmente com um público. Ela não queria voltar a um trabalho tradicional, mas desejava ter impacto — um espaço onde suas ideias e sua voz tivessem valor.

Um dia, enquanto lia um estudo de caso da Beehiiv sobre alguém que ganhava $5.000 por mês com uma newsletter sobre ferramentas digitais, algo fez sentido em sua mente.

Naquela noite, Cassie sentou com seu caderno e escreveu:
"O que eu amo que poderia ajudar outras pessoas semanalmente?"

A resposta foi simples: ferramentas de IA.

Ela vinha testando ferramentas de inteligência artificial há meses — geradores de conteúdo, criadores de vídeo, automações, aplicativos de produtividade e até ferramentas para mindfulness e escrita. A maioria das pessoas que conhecia não tinha tempo ou paciência para testar todas essas ferramentas. Mas ela tinha.

Então pensou:
"E se eu fosse o filtro — a curadora confiável em meio ao caos?"

Assim nasceu a ideia da newsletter: **IA para Criadores** — uma newsletter semanal com 3 a 5 ferramentas de IA, dicas e prompts criativos para empreendedores individuais e artistas digitais.

Em uma semana, Cassie criou uma conta no Beehiiv, construiu uma landing page simples e preparou um material gratuito: "15 Ferramentas de IA que Todo Criador Deveria Testar".

Ela escreveu seus três primeiros e-mails usando ChatGPT para melhorar a estrutura e o tom. O formato era simples: uma introdução amigável, uma lista de ferramentas com pequenas descrições e um "Prompt Criativo da Semana".

Ela compartilhou a newsletter no Twitter, LinkedIn e em comunidades de criadores no Discord.

Disse a si mesma que, mesmo que apenas 50 pessoas se inscrevessem, continuaria enviando a newsletter toda sexta-feira — por elas e por si mesma.

Para sua surpresa, alcançou 100 assinantes nos primeiros 10 dias.

O feedback foi imediato e entusiasmado.

"Era exatamente isso que eu precisava", escreveu um leitor.
"Você me economizou horas esta semana", disse outro.

Essa validação a motivou.

Ela começou a reservar duas horas toda quarta-feira para criar sua newsletter: uma hora testando novas ferramentas de IA e capturando imagens, e outra organizando o conteúdo no Notion antes de enviá-lo pelo Beehiiv.

Quando sua lista passou de 500 assinantes, Cassie começou a pensar em monetização.

Ela se cadastrou em programas de afiliados de várias ferramentas de IA que já mencionava e adicionou links nos e-mails. Também colocou um link “Patrocine esta Newsletter” no final de cada edição e se registrou no Swapstack.

Em duas semanas, uma startup ofereceu $150 para que ela apresentasse sua nova ferramenta de design.

Parecia surreal.

Ela havia passado anos criando apresentações para empresas — e agora empresas estavam pagando para que ela promovesse produtos que realmente gostava.

No terceiro mês, Cassie tinha mais de 1.200 assinantes e já havia ganhado seus primeiros $1.000 com afiliados e patrocínios.

Mas mais importante do que o dinheiro era o que ela havia construído.

Os leitores respondiam toda semana contando como as ferramentas os ajudavam a lançar negócios, automatizar tarefas e economizar tempo.

Uma leitora disse que havia superado um bloqueio criativo depois de usar um dos prompts que Cassie compartilhou.

Era exatamente o tipo de impacto que ela sempre quis causar.

Depois disso, Cassie começou a testar conteúdo premium — uma assinatura de $5 por mês com análises mais profundas de ferramentas, pacotes de prompts e entrevistas exclusivas com criadores.

Cerca de 8% de sua audiência se inscreveu, criando uma nova fonte de renda recorrente.

Ela também automatizou seu fluxo de trabalho: Make.com atualizava sua planilha de assinantes, MailerLite gerenciava sequências de onboarding e ChatGPT gerava linhas de assunto com maior taxa de abertura.

O que começou como um projeto criativo paralelo se transformou em um negócio digital próspero.

Ela não tinha escritório, estoque ou funcionários — apenas um laptop, algumas ferramentas inteligentes e uma lista crescente de pessoas que aguardavam ansiosamente seus e-mails toda semana.

Cassie se tornou algo que nunca imaginou: uma editora.

Uma líder de pensamento.

Uma curadora de clareza em um mundo tecnológico barulhento.

Sua newsletter não era apenas lucrativa — era significativa.

E tudo começou com uma pergunta simples:
“O que eu amo que outras pessoas também considerariam valioso?”

Capítulo 7: Canal do YouTube Sem Rosto com IA

Criar um canal no YouTube costumava significar sentir-se confortável diante das câmeras, saber editar vídeos e passar horas produzindo conteúdo — mas isso não é mais necessário. Com as ferramentas de IA disponíveis hoje, você pode criar um canal inteiro no YouTube sem rosto, desde o início, sem precisar filmar, mostrar o rosto ou falar em um microfone. Isso abre portas para criadores que querem ganhar dinheiro com receita de anúncios do YouTube, comissões de afiliados e vendas de produtos digitais — tudo sem precisar de carisma diante da câmera ou equipamentos caros.

O modelo de canal sem rosto gira em torno do uso de IA para cuidar de todo o processo de criação de conteúdo. Primeiro, ferramentas de IA como ChatGPT podem gerar roteiros de alta qualidade sobre praticamente qualquer tema — seja finanças pessoais, dicas de viagem, motivação, saúde, análises de tecnologia ou curiosidades virais. Depois de ter o roteiro, você pode usar ElevenLabs ou PlayHT para criar narrações realistas e naturais. Em seguida, ferramentas de criação de vídeo como Pictory, InVideo ou Vidnoz podem gerar vídeos automaticamente combinando sua narração com imagens de banco de vídeos, cenas de apoio e transições editadas por IA — tudo em poucos minutos.

A parte mais importante desse negócio é escolher um nicho lucrativo. Foque em temas atemporais ou baseados em busca, que ofereçam oportunidades de monetização a longo prazo. Nichos populares para canais sem rosto incluem estilos de vida de luxo, dicas de produtividade, vídeos relaxantes da natureza com afirmações narradas, biografias de celebridades, explicações financeiras e conteúdos educativos. Observe o YouTube para se inspirar — encontre canais com muitas visualizações e pouca concorrência, estude a estrutura deles e crie sua própria versão com roteiros e identidade visual próprios. Ferramentas como VidIQ ou TubeBuddy ajudam a encontrar temas com alto volume de busca e baixa concorrência.

Crie a identidade do seu canal usando o Canva. Desenvolva um logotipo, banner do canal e thumbnails chamativas para os vídeos. Depois publique seus primeiros 5 a 10 vídeos para começar. Você pode produzir conteúdo em lote usando IA — por exemplo, escrever cinco roteiros no ChatGPT, gerar cinco narrações no ElevenLabs e criar cinco vídeos correspondentes no Pictory — tudo em um único fim de semana. O objetivo é consistência e qualidade, não perfeição. Procure publicar de 3 a 5 vídeos por semana e otimizar títulos, descrições e tags para

SEO. Com o tempo, o algoritmo do YouTube começará a recomendar seus vídeos para um público maior.

A monetização pode vir de várias fontes. Quando você atingir 1.000 inscritos e 4.000 horas de exibição, poderá se inscrever no Programa de Parcerias do YouTube para ganhar receita com anúncios. Mas mesmo antes disso, você pode colocar links de afiliados na descrição dos vídeos. Por exemplo, se seu canal for sobre ferramentas de IA ou trabalhos paralelos digitais, você pode incluir links para softwares, plataformas de design ou testes gratuitos e ganhar comissões recorrentes. Também pode vender seus próprios produtos digitais — eBooks, templates ou mini-cursos — diretamente a partir dos vídeos.

Para economizar tempo e escalar o processo, crie um sistema de conteúdo. Monte uma planilha com ideias de vídeos, estrutura dos roteiros, cronograma de publicação e métricas de desempenho. Use IA para reaproveitar vídeos em formatos curtos como YouTube Shorts ou TikToks para atrair mais tráfego. Quando seu fluxo de trabalho estiver bem ajustado, você pode terceirizar partes do processo — como design de thumbnails ou otimização de SEO — usando plataformas como Fiverr ou Upwork, enquanto mantém a criação de vídeos automatizada com IA.

O poder desse modelo está no fato de que você está construindo um ativo digital — um canal do YouTube que pode crescer em valor ao longo do tempo. Vídeos antigos continuam gerando visualizações e renda de forma passiva, enquanto sua audiência aumenta continuamente. Com boas escolhas de conteúdo, consistência nas publicações e uma estratégia clara de monetização, você pode construir um canal que gera dinheiro 24 horas por dia — sem nunca mostrar seu rosto ou gravar sua própria voz.

Esse modelo é ideal para introvertidos, profissionais ocupados, viajantes ou qualquer pessoa que queira criar conteúdo escalável sem a pressão de aparecer diante das câmeras. Graças à IA, a barreira de entrada nunca foi tão baixa. Você não precisa de experiência em edição, habilidades avançadas de roteiro ou milhares de dólares em equipamentos. Basta ter uma estratégia, as ferramentas certas e disciplina para publicar consistentemente. Se você deseja construir uma marca de mídia lucrativa e sem rosto em 2026, este modelo é uma das maneiras mais inteligentes e econômicas de começar.

A história de Andre no YouTube

Andre sempre foi fascinado pelo YouTube. Ele admirava os criadores que conseguiam produzir vídeos com milhões de visualizações e construir carreiras em tempo integral com seus canais. Mas ele não conseguia se imaginar diante das câmeras. Não gostava do som da própria voz e a ideia de se filmar o deixava ansioso. Durante anos ficou apenas observando de longe, convencido de que o YouTube não era para pessoas como ele — até encontrar uma discussão no Reddit sobre canais de YouTube sem rosto criados totalmente com IA.

A ideia parecia um atalho secreto.
Sem câmera.
Sem microfone.
Apenas roteiros, narração e vídeos — tudo automatizado.

Naquela mesma noite, ele começou a pesquisar. Descobriu criadores usando ChatGPT para escrever roteiros, ElevenLabs para narrar e Pictory para montar os vídeos. Parecia bom demais para ser verdade, mas intrigante demais para ignorar.

Ele escolheu um tema que sempre gostou: finanças pessoais.

Era algo que estudava há anos e sabia que havia um público enorme procurando dicas, explicações e ideias de renda extra. O melhor de tudo é que era um tema atemporal. As pessoas sempre vão querer aprender a economizar, investir e ganhar mais dinheiro.

Andre abriu o ChatGPT e digitou:
"Escreva um roteiro para YouTube sobre 5 trabalhos paralelos que podem gerar $1.000 por mês."

Em segundos, apareceu um roteiro claro e envolvente.

Ele copiou o texto para o ElevenLabs, escolheu uma voz profissional e ouviu enquanto o roteiro ganhava vida. A voz era suave e natural. Aquilo deu arrepios nele.

Depois enviou a narração para o Pictory, adicionou vídeos de banco de imagens e gráficos animados e, em menos de uma hora, tinha um vídeo completo — seu primeiro vídeo da vida.

Ele criou um canal chamado **Money Mode** e publicou o vídeo. Usando o Canva, criou uma thumbnail simples e escreveu uma descrição com hashtags relevantes. Também colocou links de afiliados para um aplicativo de controle financeiro e uma plataforma de freelancing.

Publicou o vídeo e foi dormir.

Quando acordou, o vídeo tinha 83 visualizações — mais do que esperava para um canal novo.

Ele não era famoso, mas estava visível.

E isso foi motivação suficiente.

Nas três semanas seguintes, Andre criou mais 10 vídeos. Montou um sistema de conteúdo no Notion com ideias de vídeos, roteiros, links de afiliados e thumbnails. Cada vídeo levava menos de duas horas para ser produzido do início ao fim.

Ele publicava três vídeos por semana, mantinha o foco no nicho e usava TubeBuddy para otimizar títulos e tags.

Na quarta semana, um dos vídeos atingiu 4.000 visualizações — um vídeo chamado **"Como Usar o ChatGPT para Ganhar Dinheiro Online."**

O link de afiliado nesse vídeo gerou sua primeira comissão: $86.

Não era muito, mas provava que o canal podia gerar dinheiro real.

Ele continuou.

Produzia vídeos em lote nos fins de semana, agendava publicações e usava o gerador de vídeos em massa do Pictory para economizar tempo. Testava diferentes estilos de thumbnails e formatos de roteiro e respondia comentários para aumentar o engajamento.

No segundo mês, já tinha 780 inscritos.

No terceiro mês, solicitou entrada no Programa de Parcerias do YouTube — e foi aprovado duas semanas depois.

Com receita de anúncios, vendas de afiliados e crescimento das visualizações, Andre passou a ganhar cerca de $400 por mês.

Ainda não mudava sua vida — mas era 100% passivo.

Cada vídeo aumentava o efeito bola de neve.

Um vídeo publicado um mês antes continuava gerando cerca de $5 por dia automaticamente.

Ele começou a transformar seus vídeos em Shorts usando CapCut e publicá-los no TikTok e Instagram para direcionar tráfego ao canal.

Os amigos ficaram surpresos quando descobriram que Andre tinha um canal no YouTube.

“Mas você nem gosta de aparecer na câmera”, diziam.

Ele sorria e respondia:
“Eu não preciso.”

Tudo era feito com IA.

Ele era um produtor de mídia sem microfone.
Um criador de conteúdo sem precisar gravar uma palavra.

E agora, um empreendedor construindo uma marca sem custos altos e sem pressão de aparecer.

No quinto mês, Andre atingiu 3.500 inscritos e ganhou mais de $1.700 em receita combinada.

O que começou como um experimento silencioso se transformou em uma máquina de renda sem rosto — algo que ele podia expandir de qualquer lugar do mundo apenas com um laptop.

Sem estoque.
Sem equipe.
Sem esgotamento.

Apenas um sistema baseado em criatividade, automação e ferramentas inteligentes de IA.

E isso era mais do que suficiente.

Capítulo 8: Funis de Produtos Digitais com IA

Um dos modelos de negócio mais poderosos e escaláveis que você pode lançar usando IA é um funil de produtos digitais. Um funil é simplesmente um processo estruturado que transforma desconhecidos em clientes usando conteúdo gratuito, iscas digitais, automação de e-mail e ofertas estratégicas. Quando combinado com produtos digitais como eBooks, minicursos, templates ou workshops, você cria um negócio totalmente automatizado que pode funcionar 24 horas por dia, gerar renda passiva e escalar infinitamente — tudo isso sem estoque físico, sem dores de cabeça com atendimento ao cliente ou chamadas de vendas.

No passado, criar um funil era uma tarefa técnica e demorada. Hoje, a IA simplifica todas as partes do processo. Você pode usar o ChatGPT para gerar ideias de produtos digitais, escrever textos de vendas, criar sequências de e-mail e desenvolver o conteúdo de páginas de captura. Ferramentas como Systeme.io, Kajabi, Podia ou ConvertKit permitem montar todo o funil com sistemas de arrastar e soltar. Combine isso com o Canva para design de produtos e Gumroad ou Payhip para entrega digital, e você pode passar da ideia à renda em poucos dias — não em meses.

Para começar, escolha um nicho e identifique um produto digital simples que você possa vender. Boas ideias incluem um guia em PDF de 10 páginas, um tutorial em vídeo de 30 minutos, um dashboard no Notion ou um pacote de checklists e templates. Concentre-se em resolver um problema específico para um público específico — por exemplo, "Kit de Onboarding de Clientes para Freelancers" ou "Como Construir uma Marca Pessoal no LinkedIn em 7 Dias". Use o ChatGPT para gerar o conteúdo e o roteiro, depois formate tudo no Canva ou Notion. Mantenha simples, mas valioso.

Em seguida, crie uma isca digital — algo gratuito que leve ao seu produto pago. Pode ser um checklist de uma página, um pequeno eBook ou uma aula em vídeo gratuita. O objetivo é coletar e-mails e demonstrar valor. Quando alguém faz o download, entra automaticamente no seu funil. Use o ChatGPT para escrever uma sequência de 3 a 5 e-mails que construa confiança, compartilhe sua história e apresente sua oferta paga. Insira essa sequência no ConvertKit ou Systeme.io e programe o envio automático.

Sua página de vendas também pode ser criada com IA. Peça ao ChatGPT para gerar um título persuasivo, uma lista de benefícios, depoimentos e chamadas para ação. Combine isso com um banner ou mockup criado no Canva. Plataformas como Systeme.io permitem publicar páginas com processamento de pagamento integrado — sem necessidade de programação. Quando alguém se inscreve, a isca digital é entregue automaticamente e a pessoa passa a receber a sequência de e-mails programada.

À medida que o tráfego cresce, você pode adicionar upsells e cross-sells. Por exemplo, depois que alguém compra seu produto de $27, você pode oferecer um pacote premium de $97 ou uma sessão de mentoria de $197. Você também pode usar IA para criar bônus como um pacote de prompts personalizados, um mini-audiolivro ou um desafio de produtividade de 5 dias. Esses bônus aumentam o valor percebido sem exigir muitas horas de trabalho. Você também pode fazer testes A/B com diferentes títulos, ofertas ou sequências de e-mail — todos escritos por IA — para melhorar as conversões.

A promoção é essencial. Use IA para gerar posts de redes sociais, artigos de blog e roteiros de vídeo que direcionem tráfego para seu funil. Reaproveite esse conteúdo em Reels, TikToks ou YouTube Shorts. Crie pins no Pinterest com mockups do produto. Publique artigos em newsletters ou no Medium. Execute anúncios de baixo custo para testar públicos. Quanto mais pessoas entrarem no seu funil, mais consistentes se tornarão suas vendas. Com o tempo, um funil bem construído se transforma em uma máquina automática de vendas — como uma máquina de vendas digital que oferece conhecimento em vez de produtos físicos.

O que torna esse modelo tão atraente é que ele é modular e repetível. Depois de lançar um funil, você pode duplicar a estrutura para outro nicho, outra oferta ou outro público. Você pode agrupar vários funis em um curso, uma assinatura ou uma linha completa de produtos. À medida que sua biblioteca de produtos digitais cresce, sua renda e seu alcance também aumentam.

Em 2026 e além, a economia digital está se movendo em direção à personalização, automação e ofertas digitais leves que entregam valor real. Com IA, agora você pode competir com grandes marcas, vender globalmente e escalar sem estresse. Se você deseja construir um negócio que cresce enquanto você dorme — e quer fazer isso sem estoque, logística ou reuniões — os funis de produtos digitais com IA representam o futuro. E o melhor momento para começar é agora.

Tasha's new beginning

Tasha ensinava yoga havia quase uma década, mudando de estúdio em estúdio e ocasionalmente conduzindo workshops de fim de semana. Embora amasse ajudar as pessoas, estava começando a se cansar da rotina — da renda inconsistente, das longas viagens de carro e do desgaste físico de ensinar cinco aulas por dia. Ela sonhava em ter uma fonte de renda online, algo que lhe permitisse trabalhar menos horas, alcançar mais pessoas e parar de trocar tempo por dinheiro. Mas toda vez que pesquisava sobre negócios online, sentia-se sobrecarregada com jargões técnicos e linguagem de marketing — até que uma amiga lhe apresentou a ideia dos funis de produtos digitais.

A amiga, que trabalhava como nutricionista, explicou que vendia guias simples e minicursos usando IA para escrever o conteúdo, criar páginas e enviar e-mails — tudo automatizado. "É como ter uma pequena loja digital que vende para você 24 horas por dia", disse ela. Curiosa, Tasha passou o fim de semana assistindo tutoriais no YouTube sobre funis de produtos digitais e criou uma conta gratuita no ChatGPT. Começou a fazer brainstorming e digitou: "Dê-me 5 ideias de produtos digitais para uma instrutora de yoga que quer ganhar renda passiva." Uma ideia chamou sua atenção — um programa de Mobilidade Matinal de 7 dias com vídeos, um PDF imprimível e prompts de reflexão.

Ela estruturou o produto em minutos usando o ChatGPT. Cada dia teria uma rotina curta de 10 minutos, uma dica do dia e uma pergunta de reflexão. Usou o celular para gravar as sequências de yoga e enviou os vídeos para o Google Drive.

Depois gerou o conteúdo do diário usando o ChatGPT, criou o design no Canva e salvou tudo como um PDF imprimível. Em apenas uma semana, havia criado seu primeiro produto digital — algo que poderia vender repetidamente.

Em seguida, construiu seu funil usando o Systeme.io. Criou uma página de captura oferecendo um material gratuito — um guia de "Alongamento Diário de 5 Minutos" — em troca do e-mail. O ChatGPT ajudou a escrever o título, o texto da página e uma sequência de três e-mails. O primeiro e-mail dava as boas-vindas aos inscritos. O segundo compartilhava sua história e apresentava o programa de 7 dias. O terceiro oferecia um desconto por tempo limitado e levava diretamente à página do produto. Tudo o que ela precisava fazer era programar a sequência e ativá-la.

As primeiras vendas vieram devagar. Ela publicou sobre o produto no Instagram, entrou em alguns grupos de Facebook para professores de yoga e enviou e-mails para alunos antigos. Três pessoas compraram na primeira semana. Depois mais cinco na semana seguinte. Ela melhorou a página, adicionou depoimentos e gravou um vídeo rápido explicando o que o produto incluía. Quando ofereceu um pacote com um guia extra de journaling, suas conversões dobraram. Agora estava ganhando mais de 300 dólares por mês com um produto que criou em poucos dias.

Tasha sentiu como se tivesse descoberto um segredo. Não precisava se tornar uma influenciadora, construir um império de cursos ou contratar uma equipe de marketing. Bastava resolver um pequeno problema, apresentar a solução com clareza e guiar as pessoas pelo processo de compra. Com a IA, ela não precisava ser redatora profissional nem especialista em tecnologia. Usou a mesma fórmula para lançar mais dois produtos: uma "Rotina de Yoga para Quem Trabalha em Escritório" e um kit de "Yoga para Estresse e Sono". Cada um tinha seu próprio funil, isca digital e sequência de e-mails.

Em três meses, seus funis estavam gerando mais de 1.200 dólares por mês. As vendas aconteciam enquanto ela dormia, enquanto dava aulas ou até enquanto caminhava nas trilhas nos fins de semana. Finalmente sentia que seu trabalho estava trabalhando por ela. Sua parte favorita era receber e-mails de pessoas do mundo inteiro dizendo que as rotinas ajudavam a começar o dia com mais calma e movimento. Era impacto em escala.

Agora Tasha dá menos aulas presenciais, tem mais tempo para si mesma e continua expandindo sua biblioteca digital. Seu objetivo é criar uma assinatura que reúna todos os seus produtos em uma única experiência mensal — tudo impulsionado por IA, mas entregue com autenticidade. O que começou como um experimento paralelo tornou-se a base de um negócio lucrativo, pessoal e equilibrado.

Capítulo 9: Negócio de Print-on-Demand com IA

O **print-on-demand (POD)** é um modelo de negócio em que produtos personalizados — como camisetas, canecas, cadernos, pôsteres e bolsas tote — são produzidos somente depois que alguém faz uma compra. Isso significa zero estoque, nenhum custo inicial e entrega automatizada. Quando combinado com ferramentas de IA para design e branding, o print-on-demand se torna uma das maneiras mais fáceis e criativas de lançar uma marca de e-commerce com pouco risco e alcance global.

A ideia central é simples: criar designs originais ou gráficos baseados em texto usando ferramentas de IA, enviá-los para plataformas de print-on-demand como Printful, Gelato ou TeeSpring, e conectá-los a marketplaces como Etsy, Amazon ou à sua própria loja no Shopify. Quando um cliente compra, a empresa de POD cuida da impressão, embalagem e envio — e você apenas recebe o lucro. Com o nicho certo e visuais aprimorados por IA, é possível se destacar mesmo em mercados competitivos.

Para começar, escolha um nicho. Evite designs genéricos — concentre-se em públicos específicos com identidades ou paixões fortes. Por exemplo: mães que amam cachorros, professores, amantes de plantas, empreendedores espirituais, trabalhadores remotos ou entusiastas do fitness. Quanto mais direcionado for o tema, maior a chance de gerar identificação e conversões. Use IA para ajudar a definir seu nicho — pergunte ao ChatGPT: "Quais são 10 nichos pouco explorados no mercado de print-on-demand?" Depois, faça brainstorming de slogans, frases e ideias de produtos baseadas nessa identidade.

Em seguida, crie seus designs. Ferramentas como Midjourney, DALL·E e Canva podem gerar imagens a partir de prompts. Para designs baseados em texto, peça ao ChatGPT para sugerir frases virais, engraçadas ou motivacionais adaptadas ao seu nicho. Depois, crie os layouts usando os templates do Canva, garantindo que atendam às diretrizes de resolução e tamanho para cada tipo de produto. Você também pode transformar ilustrações geradas por IA em livros de colorir, decks de afirmações ou arte para parede. Desde que o conteúdo seja original e alinhado com sua marca, as possibilidades criativas são praticamente infinitas.

Depois de criar entre 10 e 20 produtos, configure sua loja. Comece com uma loja gratuita no Etsy ou conecte o Printful ao Shopify para uma experiência de marca mais profissional. Adicione mockups dos produtos (gerados automaticamente pelas plataformas de POD), escreva descrições ricas em palavras-chave (usando o ChatGPT) e organize seus produtos em coleções temáticas. Por exemplo: “Canecas Engraçadas para Home Office” ou “Camisetas de Yoga para Introvertidos”. Certifique-se de que seu branding seja consistente — use o Canva para criar banners, logotipos e imagens de listagem que combinem com o estilo da sua marca.

Para gerar tráfego, utilize estratégias orgânicas e pagas. Crie pins no Pinterest que levem aos seus produtos, compartilhe mockups no Instagram ou publique em grupos de Facebook do seu nicho (quando permitido). Use o ChatGPT para criar legendas envolventes, e-mails promocionais e até roteiros para Reels ou TikToks. Quando começar a ganhar tração, considere rodar anúncios de $5 a $10 por dia no Etsy ou Meta para seus produtos mais vendidos. Use os dados do painel do Printful ou do Etsy para identificar quais produtos estão recebendo visualizações e quais precisam de ajustes.

O poder desse modelo de negócio está na automação e no baixo risco. Você nunca precisa lidar com produtos, se preocupar com envio ou gerenciar devoluções. Seu trabalho é criar — e deixar os sistemas cuidarem do resto. À medida que sua loja cresce, você pode testar novos nichos, expandir para outras plataformas ou construir uma marca em torno de seus produtos. Você também pode licenciar seus designs, vender downloads digitais dos arquivos de impressão ou criar uma newsletter temática promovendo suas novas coleções.

Para escalar, construa sistemas. Use um painel no Notion para acompanhar ideias de design, progresso de uploads e desempenho de produtos. Crie pacotes reutilizáveis de prompts de IA para gerar frases ou ilustrações. Produza coleções de produtos em lote. Reaproveite designs que funcionam bem em diferentes produtos — por exemplo, uma frase que vende bem em uma caneca também pode aparecer em uma bolsa, camiseta ou caderno. E com a IA ajudando no processo criativo, você pode lançar um novo produto todos os dias, se quiser.

Se você é criativo, curioso e quer construir uma loja de renda passiva sem estoque, atendimento ao cliente ou armazéns, este é um dos caminhos mais acessíveis disponíveis. Com print-on-demand e IA, qualquer pessoa pode construir uma marca global — um design de cada vez.

Maya, a barista

Maya trabalhava longas horas como barista enquanto fazia aulas online de design gráfico. Ela amava arte, mas não queria se tornar freelancer criando logotipos para clientes que pagavam pouco. Queria algo que pudesse construir por conta própria — algo criativo, escalável e divertido. Uma noite, enquanto navegava no TikTok, viu um vídeo curto com o título: "Ganhei $800 em uma semana vendendo camisetas criadas com IA no Etsy." O vídeo mostrava um moletom preto com uma frase simples e engraçada: "Mentalmente Fora do Escritório." Maya não conseguia acreditar que algo tão simples estava gerando dinheiro de verdade. Ela clicou e acabou entrando no mundo do print-on-demand com IA.

Em poucos dias, criou uma conta no Printful, conectou ao Etsy e começou a aprender a criar designs. Nunca havia programado um site nem vendido nada online, mas os tutoriais passo a passo eram fáceis de seguir. Usando o ChatGPT, fez brainstorming de frases para seu nicho favorito — introvertidos e pessoas que pensam demais. Ela pediu: "Dê-me 25 frases curtas e engraçadas para introvertidos que poderiam ir em uma caneca ou moletom." As respostas a fizeram rir e, mais importante, pensar: "Isso venderia."

Ela abriu o Canva e começou a criar. Fundo preto, fonte branca em negrito e um visual limpo — simples, mas elegante. Criou suas primeiras cinco listagens: uma caneca, dois moletons e duas bolsas tote. Depois carregou tudo no Etsy, usou o ChatGPT para escrever descrições dos produtos e adicionou mockups estilo Pinterest do Printful. Lançou sua loja com o nome Quietly Loud Co. e compartilhou com alguns amigos.

Três dias depois, recebeu uma notificação: "Você fez uma venda." Era uma bolsa tote com a frase "Introvertendo em

Progresso". Aqueles quatro dólares de lucro pareceram melhores que um pagamento de cem dólares. Alguém em algum lugar tinha visto sua ideia, gostado e comprado. Ela estava viciada.

Maya entrou em ritmo. Toda semana criava cinco novos produtos. Testava frases, cores e designs diferentes — sempre com ajuda do ChatGPT e do Canva. Quando encontrava um tema que funcionava (como "café + ansiedade" ou "clube anti-conversa-fiada"), criava uma coleção inteira em torno dele. Aprendeu a usar palavras-chave, criar pacotes de produtos e lançar coleções em datas sazonais. Dia dos Namorados, Mês da Conscientização da Saúde Mental e volta às aulas tornaram-se seus maiores picos de vendas.

No segundo mês, já tinha 45 produtos listados e ganhava cerca de $300 por mês — principalmente com canecas e moletons. A melhor parte? Nunca tocava em nenhum produto. O Printful cuidava de tudo e o Etsy trazia os clientes. Seu trabalho era criatividade e curadoria. Criou um painel no Notion para registrar designs, acompanhar visualizações e vendas e definir metas semanais. Também criou templates de prompts de IA para acelerar o processo de brainstorming. Cada parte do seu sistema estava organizada.

Ela expandiu para diários de nicho, decks de afirmações e arte de parede imprimível. Usando Midjourney e DALL·E, criou ilustrações minimalistas combinadas com frases positivas. Esses produtos também venderam bem como downloads digitais no Etsy e no Gumroad. Logo estava ganhando $800 por mês — o suficiente para pagar o aluguel e reduzir seus turnos como barista. Sua confiança cresceu. Ela já não se via como uma estudante lutando para sobreviver — era dona de uma marca, artista e empreendedora digital.

Com o tempo, Maya criou sua própria loja no Shopify, construiu uma lista de e-mails usando ConvertKit e começou a rodar anúncios no Pinterest. Ela não queria se tornar uma marca viral — apenas uma marca consistente e silenciosamente bem-sucedida. E foi exatamente isso que aconteceu. Seus designs conectavam com pessoas como ela: introspectivas, criativas, um pouco ansiosas, mas profundamente reflexivas.

O que começou com uma frase engraçada e um template gratuito do Canva se transformou em um negócio real. E tudo o que foi necessário foi curiosidade, algumas ferramentas inteligentes de IA e a coragem de começar.

Capítulo 10: Negócio de Micro SaaS com IA

Um **Micro SaaS (Software como Serviço)** é um produto de software enxuto e focado que resolve um problema específico para um público de nicho — e é um dos modelos de negócio mais lucrativos e escaláveis que você pode construir hoje usando IA. Diferentemente das startups SaaS tradicionais, que exigem financiamento, equipes e anos de desenvolvimento, os negócios de Micro SaaS são menores, mais simples e muitas vezes criados por uma única pessoa. Com o crescimento das plataformas no-code e dos assistentes de desenvolvimento com IA, agora é possível lançar sua própria ferramenta SaaS mesmo sem habilidades técnicas ou experiência como desenvolvedor.

O modelo de Micro SaaS funciona oferecendo aos usuários acesso a um aplicativo ou ferramenta baseada na web em troca de uma assinatura mensal ou anual. Essas ferramentas podem fazer diversas coisas, como gerar sequências de e-mails, criar legendas para vídeos, analisar feedback de clientes, automatizar pontuação de leads, criar rastreadores de hábitos ou converter voz em texto. A chave é focar em resolver um problema claro e específico — por exemplo, "coleta automática de depoimentos para coaches" ou "testador de linhas de assunto de e-mail com IA para lojas de e-commerce".

Para começar, faça um brainstorming de um problema de nicho que você entenda bem ou tenha curiosidade em resolver. Use o ChatGPT para ajudar: peça algo como "Quais são 10 problemas não resolvidos que freelancers enfrentam diariamente?" ou "Liste ferramentas de nicho pelas quais solopreneurs pagariam mensalmente." Depois valide sua ideia verificando fóruns como Indie Hackers, Reddit e Product Hunt. Se as pessoas estão perguntando repetidamente como fazer algo — e não existe uma ferramenta simples para isso — esse é um bom sinal.

Em seguida, construa uma versão simples da ferramenta usando plataformas no-code como Glide, Bubble, Softr ou Tally. Você pode usar Make.com ou Zapier para automatizar ações nos bastidores. Se sua ideia envolve funções de IA — como análise de texto, resumo ou tradução — você pode integrar com a API da OpenAI ou serviços semelhantes. Muitas plataformas oferecem interfaces de arrastar e soltar, permitindo que você construa um protótipo funcional sem escrever código. Depois que tiver um MVP (produto mínimo viável) funcionando, você estará pronto para testar.

Crie sua landing page usando Carrd, Typedream ou Framer. Use o ChatGPT para escrever um texto persuasivo: destaque o problema, mostre o resultado e ofereça um teste gratuito ou uma assinatura de baixo custo. Configure o Stripe para pagamentos. Você também pode usar LemonSqueezy ou Gumroad para facilitar o checkout e o licenciamento do produto. O objetivo é conseguir seus primeiros 10 a 20 usuários e coletar feedback. Pergunte: o que está confuso? O que eles mais gostam? Pelo que pagariam mais?

Depois que a ferramenta estiver no ar, concentre-se em melhorar sua oferta e o processo de onboarding. Use vídeos do Loom para mostrar como a ferramenta funciona. Adicione FAQs e documentos de ajuda gerados por IA. Envie e-mails de boas-vindas usando ConvertKit ou MailerLite. Interaja com os usuários e colete depoimentos. Esses elementos aumentam o valor percebido e melhoram a retenção. Com o tempo, você pode adicionar novos recursos solicitados pelos usuários, integrar outras plataformas ou expandir para casos de uso semelhantes dentro do seu nicho.

A monetização é simples e recorrente. Você pode cobrar entre $9 e $49 por mês, dependendo da complexidade e do valor da ferramenta. Alguns fundadores de Micro SaaS constroem negócios de $5.000 por mês com apenas uma ferramenta simples. Outros criam um portfólio de aplicativos e os licenciam para outros criadores ou os agrupam em uma assinatura. Você não precisa de centenas de clientes — apenas algumas dezenas de usuários fiéis para gerar uma renda significativa. E como a entrega é feita pelo software, não há necessidade de gerenciar pedidos ou estoque.

Para crescer, liste sua ferramenta no Product Hunt, AppSumo e comunidades de nicho. Crie conteúdo sobre sua ferramenta: artigos de blog, páginas de SEO, demonstrações no YouTube ou threads no Twitter. Use IA para escrever documentos de suporte, atualizar notas de versão e gerar textos da interface. Quando seu aplicativo ganhar tração, você pode oferecer programas de afiliados, opções de marca branca ou até explorar uma venda da empresa. Negócios de Micro SaaS frequentemente são adquiridos por empresas maiores de software ou por empreendedores que querem adicionar ativos digitais ao seu portfólio.

Em 2026, Micro SaaS é uma das formas de maior alavancagem para construir riqueza com baixo custo e controle total. Você não precisa de investidores nem de uma equipe técnica. Com IA e ferramentas no-code, você pode lançar softwares que as pessoas adoram — e receber pagamentos todos os meses enquanto eles os utilizam. Se você está pronto para parar de vender seu tempo e começar a vender sistemas, Micro SaaS pode ser seu próximo grande passo.

Como Liam criou um negócio de Micro SaaS com IA

Liam sempre foi "o cara das ideias". Desde a faculdade, mantinha um caderno cheio de conceitos de negócios, ideias de aplicativos e nomes de startups rabiscados. Mas toda vez que tentava começar algo, enfrentava o mesmo problema — ele não sabia programar. Precisaria aprender a programar ou encontrar um cofundador técnico, e nenhuma dessas opções funcionava. Então continuou trabalhando em um emprego estável de marketing, dizendo a si mesmo que começaria "algum dia". Até que, no início de 2026, leu um estudo de caso sobre alguém que criou uma ferramenta Micro SaaS em um fim de semana usando Glide, ChatGPT e Stripe — sem escrever uma única linha de código. Foi uma revelação.

A ideia de que ele poderia construir e vender software sem ser engenheiro de software o motivou profundamente. Naquela mesma noite, começou a pensar em problemas que enfrentava no próprio trabalho. Um se destacou: escrever títulos de marketing consistentes para posts em redes sociais. Ele sabia a importância de bons "hooks", mas criar novos todos os dias era exaustivo. Pensou: "E se eu criasse uma ferramenta que usa IA para gerar títulos instantaneamente com base no produto e no objetivo?" Ele chamou a ferramenta de **HookForge**.

Usando o Glide, Liam construiu um aplicativo web simples onde os usuários podiam inserir o nome do produto, o público-alvo e o tom de voz. Nos bastidores, integrou o sistema à API da OpenAI usando o Make.com. A ferramenta retornava 10 ideias de títulos com variações clicáveis. Ele projetou a interface com botões simples e usou o ChatGPT para escrever todos os textos da interface e dicas de uso. Em dois dias, tinha um MVP funcional.

Criou uma landing page com Carrd, escreveu o texto com ChatGPT e adicionou um botão de pagamento via Stripe: $9 por mês após um teste gratuito de 7 dias. Depois publicou sobre a ferramenta no Twitter, Indie Hackers e alguns fóruns do Reddit. "Criei este gerador de títulos com IA sem escrever uma única linha de código. Adoraria receber feedback!" A resposta foi imediata. Dezenas de pessoas se inscreveram. Algumas deram sugestões. Algumas pagaram imediatamente. Uma pessoa até se ofereceu para criar um pacote em parceria.

Liam ficou surpreso — e empolgado. Ele tinha usuários. Pessoas reais usando seu software. E não precisou fazer ligações frias, apresentações ou contratar uma equipe. Nas semanas seguintes, melhorou o onboarding com um tutorial de 60 segundos no Loom, adicionou um recurso de "Favoritos" e criou um e-mail mensal com dicas de copywriting geradas por IA. Usou ChatGPT para escrever notas de atualização e e-mails de suporte, e ConvertKit para automatizar sequências de boas-vindas e lembretes de uso.

No segundo mês, o HookForge já tinha 71 usuários pagantes. Isso significava $639 por mês em receita — quase metade do aluguel — com uma ferramenta que funcionava praticamente sozinha. Ele adicionou uma oferta vitalícia no AppSumo por $49 e promoveu para profissionais de marketing por e-mail e solopreneurs. Em duas semanas, havia mais $1.500 em sua conta Stripe. O feedback era positivo: "Isso me economiza horas todo mês", escreveu um usuário. Outro disse: "Dois anos atrás, isso teria custado milhares para desenvolver."

Liam percebeu que não tinha apenas um aplicativo — tinha um negócio. Um ativo digital. Algo que poderia crescer, automatizar ou até vender. Ele adicionou um programa de afiliados, criou uma versão white-label e começou a trabalhar em sua próxima ideia de Micro SaaS — um gerador de prova social para criadores de cursos. Com cada novo aplicativo, seus sistemas ficavam mais rápidos, seu design mais limpo e sua receita mais previsível.

A melhor parte? Ele não estava mais esperando por permissão. Não precisava de cofundador, investidores ou equipe. Tinha IA. Tinha ferramentas no-code. E tinha seu próprio impulso. Pela primeira vez em anos, Liam parou de se chamar de "o cara das ideias". Agora ele era um construtor — e tinha provas disso.

Epílogo: A IA Eliminou Barreiras

Ao encerrarmos este livro, uma coisa deve ficar absolutamente clara: a oportunidade de construir um negócio lucrativo, flexível e impulsionado por IA nunca esteve tão acessível quanto agora. Você não precisa esperar por financiamento, um cofundador ou o momento perfeito. Você não precisa de uma equipe de filmagem, um diploma em engenharia ou uma equipe de assistentes. Você nem precisa estar no "mundo da tecnologia". A única coisa de que você precisa é da disposição para aprender, experimentar e aplicar as ferramentas que agora estão disponíveis para todos nós.

A IA eliminou barreiras que antes impediam pessoas criativas, inteligentes e ambiciosas de avançar. Agora você pode escrever, falar, criar designs, automatizar, publicar e vender — tudo sem habilidades tradicionais, softwares caros ou anos de tentativa e erro. Você acabou de explorar dez modelos de negócio que pessoas reais estão lançando e escalando na economia atual — negócios que não dependem de armazéns, folhas de pagamento ou contratos de aluguel de escritório. Negócios que podem ser operados a partir de um único laptop, de qualquer lugar do mundo, e que podem crescer mais rápido do que praticamente qualquer coisa no mundo offline.

Talvez você tenha se identificado com Samantha, a artista de narração que nunca gravou sua própria voz. Ou talvez se veja em Diego, que construiu uma agência de reaproveitamento de conteúdo a partir de um único vídeo do YouTube. Talvez você sempre tenha sonhado em escrever, como Julian, e agora veja como a publicação de audiolivros pode se tornar seu canal de impacto. Ou talvez tenha sido o negócio de print-on-demand de Maya que fez você perceber o quão criativa e lucrativa a IA pode ser — mesmo para alguém que está apenas começando.

Cada uma dessas pessoas começou com uma única coisa: uma decisão. Elas escolheram avançar mesmo sem ter todas as respostas. Escolheram testar, construir e criar usando ferramentas que pareciam novas e talvez até intimidantes no início. Aprenderam através da ação — e você também pode. As ferramentas não são o negócio. A pessoa por trás delas é. Você é. Suas ideias, sua execução, sua consistência e sua capacidade de continuar mesmo quando os resultados demoram a aparecer — esse é o verdadeiro ativo.

Agora é a sua vez.

O objetivo deste livro não foi apenas inspirar você — foi prepará-lo. Agora você tem um roteiro. Você viu instruções passo a passo para lançar negócios impulsionados por IA que não exigem funcionários nem estoque. Você ouviu histórias de pessoas como você fazendo isso funcionar. Se estiver disposto a aplicar apenas uma fração do que aprendeu aqui, já estará muito à frente da maioria das pessoas que ainda estão esperando permissão ou seguindo modelos ultrapassados que já não escalam.

A verdade é que estamos vivendo uma nova era — uma economia digital impulsionada por automação, personalização e fluxos de trabalho inteligentes. O avanço da IA não está apenas transformando indústrias — está reconstruindo-as em torno de empresas menores, mais enxutas e mais inteligentes. E isso cria uma vantagem incrível para você como criador independente, consultor, prestador de serviços ou microempreendedor. Grandes empresas se movem devagar. Você não precisa. Você pode lançar, ajustar e testar ideias mais rápido do que nunca. Essa é a sua vantagem. Use-a.

O que você construir a seguir não precisa ser perfeito. Na verdade, não deve ser. Comece pequeno. Escolha uma ideia. Crie seu primeiro funil. Publique seu primeiro eBook. Lance seu primeiro serviço de narração. Abra sua primeira loja de templates. Você aprenderá mais realizando um projeto em 10 dias do que pesquisando e pensando demais por 10 meses. Lembre-se: os maiores resultados muitas vezes vêm das ações mais simples repetidas com consistência.

E, finalmente, não se esqueça de que essa jornada não é apenas sobre dinheiro — é sobre liberdade. A liberdade de trabalhar quando quiser. A liberdade de construir sem pedir permissão. A liberdade de fazer uma caminhada no meio do dia, passar mais tempo com sua família, viajar, pensar e criar. Essa é a verdadeira recompensa. A IA não está substituindo os seres humanos. Ela está nos fortalecendo. A pergunta é: o que você fará com esse poder?

Seja qual for sua escolha — escrever, automatizar, ensinar, criar, vender — apenas comece. Comece com o que você tem. Comece de onde está. Comece hoje. O futuro não é escrito por aqueles que esperam. Ele é escrito por aqueles que constroem.

Então vá construir. Seu futuro impulsionado por IA está esperando.

www.ingramcontent.com/pod-product-compliance
Lightning Source LLC
LaVergne TN
LVHW010835051026
849532LV00007B/2713